Thinking Deeply《シンキング ディープリー》

ひとつのことを　ふか〜く
考《かんが》えること

Q

1分間《ぷんかん》

考《かんが》えよう。

この本《ほん》では、

たまに、黒《くろ》いページがでてきて

キミに、しつもんするよ。

そのときは、1分間《ぷんかん》だけ

ページをめくらずに、

自分《じぶん》で考《かんが》えてみてほしい。

お金《かね》でほんとうに
幸《しあわ》せになれる？

さあ、今日《きょう》も 考《かんが》える少年《しょうねん》、
Q《キュー》くんの へやを　そーっと　のぞいてみよう。

ここは、Q《キュー》くんのへや。
Q《キュー》くんが、ふてくされながら、
もどってきました。

「あーあ、
やってらんないよ！
お母《かあ》さんのケチ！
かわいい　むすこが
こんなに　たのんでる
ってのにさ！

よーし、こうなったら……
ちょきんばこをわって……
あれ？」
Q《キュー》くんは　ちょきんばこを
ふりましたが、
チリンとも鳴《な》りません。
「……あ〜、も〜う！
お金《かね》がな〜〜い！」

Q《キュー》くんがさけんだとき、
ピューン
ちょきんばこは
するりとぬけて、
チッチのほうに
とんでいきます!

「ス、ス、ス、ストーップ!」
と、チッチがさけびましたが、
まにあわず、

ゴツン
ちょきんばこは
チッチのおでこに、
あたってしまいました。

「なーにすんだ　この！」
「うわあ！」

Q《キュー》くんが　かたまりました。
チッチが　時《じ》間《かん》をとめたのです。

「ててて、まったく　なにが　気《き》にいらないのか
しらないけど、モノをなげちゃ　ダメだよねえ、
みんな。」
チッチは、いたそうに、おでこを　さすっています。

Q

「チッチ、　また時間《じかん》を　とめたのか。」

かたまっていたQ《キュー》くんが　もとにもどりました。

「とめたよ！　Q《キュー》くんがチッチに
ちょきんばこを　ぶつけたからね！

いたいじゃないか！」

「ごめんごめん、つい　カッとなっちゃってさ。」

「ふん！」

チッチのきげんが　なおらないので、

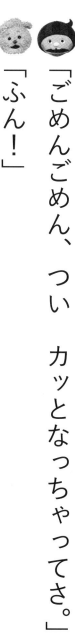

Q《キュー》くんは、 チッチの
おなかを さすります。
「おなか なでなでなで。」
「はあ〜、 気《き》持《も》ちいい〜。」
ようやく きげんが もどった
チッチが たずねます。
「って、 いったい なにが
気《き》にいらないんだい?」
「お母《かあ》さんにさ、

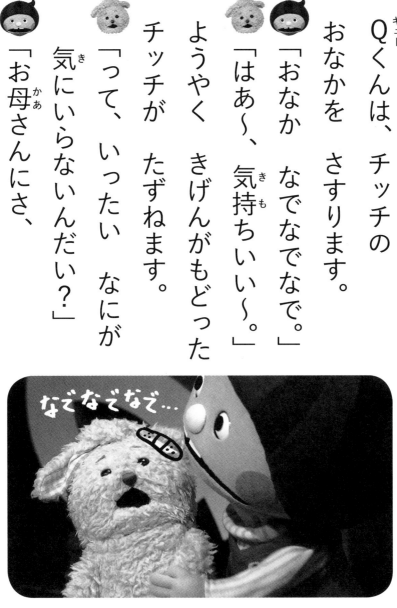

おこづかいをふやしてって
おねがいしたんだよ。
でも、ダメです！
のひとことでおわり。
ひどいだろ。」

「おこづかい
たりないのかい？」

「ぜんぜん　たりないね。

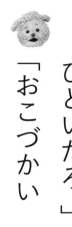

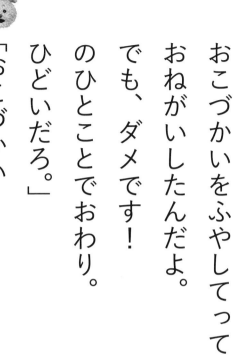

もっともっと　ほしい！
しょうらいは　ぜったい
お金《かね》もちになるぞー！」

「お金《かね》もちになりたい？」

「そりゃなりたいよ。」

「なんで？」

「なんでって、幸《しあわ》せになれるからに
きまってるだろ。」

「幸《しあわ》せ？」

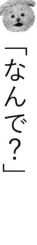

「そう、幸《しあわ》せ。」

「はいドーン！」

「へ？」

本日のぎもん
Today's Question

ほんとうに
お金《かね》で
幸《しあわ》せに
なれる？

「本日《ほんじつ》のぎもん！
ほんとうに　お金《かね》で
幸《しあわ》せになれる？」

「つまんないこと聞《き》くなよ。
なれるにきまってるだろ。
お金《かね》は　あればあるほど
幸《しあわ》せだね。」

「ほんとうに？」

「ああ　ほんとうさ。

QWORD

ほんとうに？

もし　お金《かね》が　たくさんあったら……。

ぬふふふふふ！」

Q《キュー》くんは、お金《かね》が　たくさんあると　幸《しあわ》せだってことを、うたで　そうぞうします。

お金《かね》がたくさんあったらのうた

♪Q《キュー》くんは　まいにち
なっとうを　食《た》べてる
ステーキは
たま〜にしか
食《た》べられない

♪でも　お金《かね》が
たくさん　あったら
「まいにち　ステーキ！
さいこう！」

♪おこづかいを　ためて
買《か》った　ひこうき
気《き》にいってるけれど
オンボロ　ボロボロ！

♪でも　お金《かね》が
たくさん　あったら
「あたらしい　おもちゃ
買《か》いほうだい！」

♪あそびばといえば
きんじょの公園《こうえん》
ゆうえんちは
たまにしか
いけないいよ

♪でも　お金《かね》が
たくさん　あったら
「いえのにわに
ゆうえんち！
いつでも
あそびほうだい！」

♪カネカネ　カネカネ
なんでもできる
カネカネ　カネカネ
とっても　幸《しあわ》せ〜

イェーイ!

「はぁ、お金《かね》もちは　さいこうだな～！」

「ほんとうに？」

「しつこいなあ。」

「ずーっと　その生活《せいかつ》がつづいても、
ほんとうに幸《しあわ》せ？」

「ずーっと　つづくなんて
さいこうの幸《しあわ》せじゃないか！」

「ほんとに　そうなのかな？」

また　うたで　考《かんが》えます。

QWORD

ほんとうに？

Q

1分《ぷん》間《かん》

考《かんが》えよう。

お金《かね》があれば

ほんとうに幸《しあわ》せ？

♪ほんとにそうなのかな?のうた」

♪まいにち　ステーキ
食《た》べほうだい!
まいにち　まいにち
まいにち　まいにち!
こってり　ステーキ!

「うげ、なんか
胃《い》がこわれそう」

♪まいにち　新品《しんぴん》おもちゃが
やってくる！
まいにち　まいにち
まいにち　まいにち！
新品《しんぴん》おもちゃ！

「なんか　あんまり
ありがたみがない」

♪まいにち　ゆうえんちで
あそびまくる！
まいにち　まいにち
まいにち　まいにち！
のりまくる！

「いやー、五《ご》かいのれば
もういいかも」

「うーん……。」
「どうしたんだい？」
「ずーっと　つづくとなると、　なんだか
あきちゃいそうだな……。」
「え？　ステーキ　まいにち食《た》べたいんでしょ？」
「でも、もし　まいにち　ステーキだったら、
ぎゃくに、たま～に食《た》べる　なっとうのほうが
うれしいかも。」

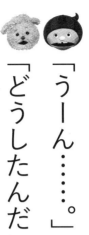

「え、そうなの？　新《あたら》しいおもちゃ、
たくさん　ほしいんでしょ？」

「でも、おこづかいためて買《か》った、この
オンボロひこうきのほうが　愛着《あいちゃく》があるなあ。」

「にわに　ゆうえんちがあれば、
まいにち　あそべるよ。」

「まいにちなら、ジェットコースターや
メリーゴーランドも、すべりだいや　すなばと
あんまり　かわらない気《き》がしてきたよ。」

「へえ、幸《しあわ》せがいつのまにか
どこか　いっちゃったな。
じゃあ　お金《かね》は　なくてもいいってこと？」

「いや、お金《かね》はなきゃこまる。
ごはんも食《た》べられなかったり、
びょうきになっても　びょういんに
いけなかったり、さむい冬《ふゆ》に
あったかいふくを　買《か》うお金《かね》もなかったら、

やっぱりこまる。」

「うん、お金《かね》はないとこまるし、
たくさんあったほうが　べんりなのは
たしかかもしれないね。」

「でも、幸《しあわ》せってことになると……
ちょっとちがうかも。」

「そもそも、幸《しあわ》せって　なんなんだろうね？
Q《キュー》くんのばあい、どんなことに
幸《しあわ》せをかんじる？」

「うーん、幸《しあわ》せかあ……。」
「いままでで
いちばん　幸《しあわ》せだなあって
思《おも》ったことって
なにかな？」
「いままで……
あ、そうそう！
にがてだったかけっこ、

まいにち　たくさん　れんしゅうして、
いちばんをとったときだ！
お父《とう》さんとお母《かあ》さんも　ほめてくれたし、
クラスのみんなも　よろこんでくれた！
あのときは　幸《しあわ》せだったなあ！」

「それは　**お金《かね》で　手《て》にはいるものかな？**」

「うーん……。」

「みんなは　どういうときに　幸《しあわ》せをかんじる？」

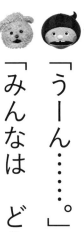

Q

1分《ぷん》間《かん》

考《かんが》えよう。

幸《しあわ》せを感《かん》じるのは

どんなとき？

かぞくで
こたえよう

いままで　いちばん　幸《しあわ》せだったのは？

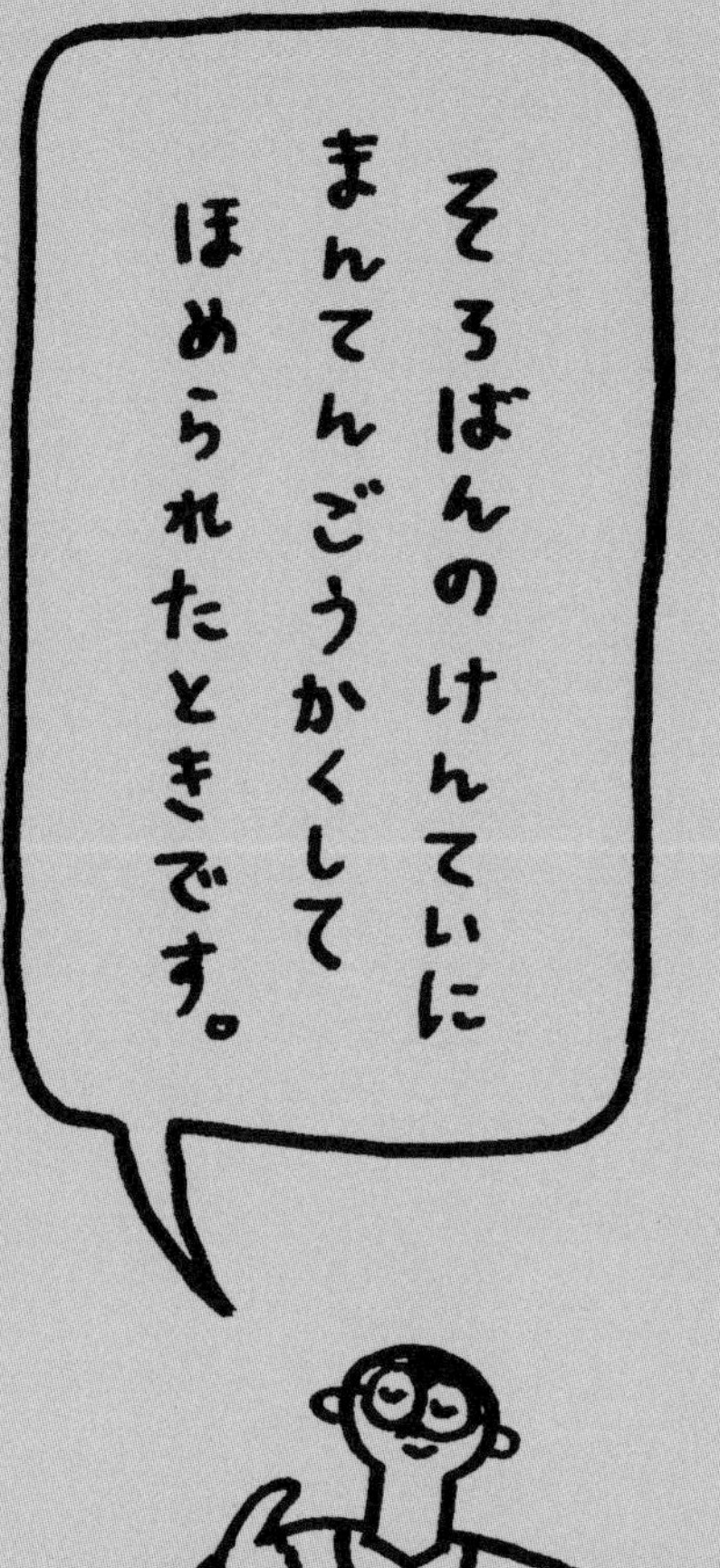
そろばんのけんていに
まんてんごうかくして
ほめられたときです。

つばさくん

「おお、がんばったねえ!」

かぞくで
こたえよう

いままで　いちばん　幸《しあわ》せだったのは？

しんゆうと買《か》いものにいって、
おそろいのふくを買《か》って、
いっしょにきたことです。

まゆさん

「うん、しんゆうとの時《じ》間《かん》か。わかる、わかる」

かぞくで
こたえよう

いままで いちばん 幸《しあわ》せだったのは?

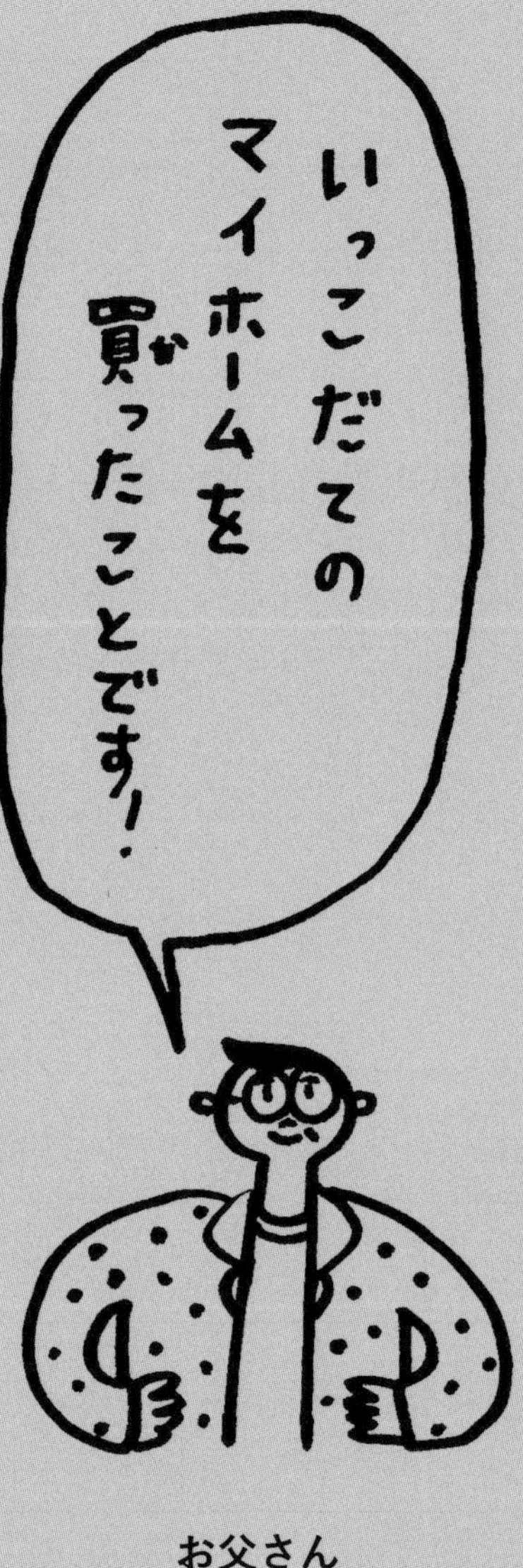
いっこだての
マイホームを
買《か》ったことです!

お父さん

「お、一家《いっか》のあるじ。よっ！」

かぞくで こたえよう

いままで いちばん 幸《しあわ》せだったのは？

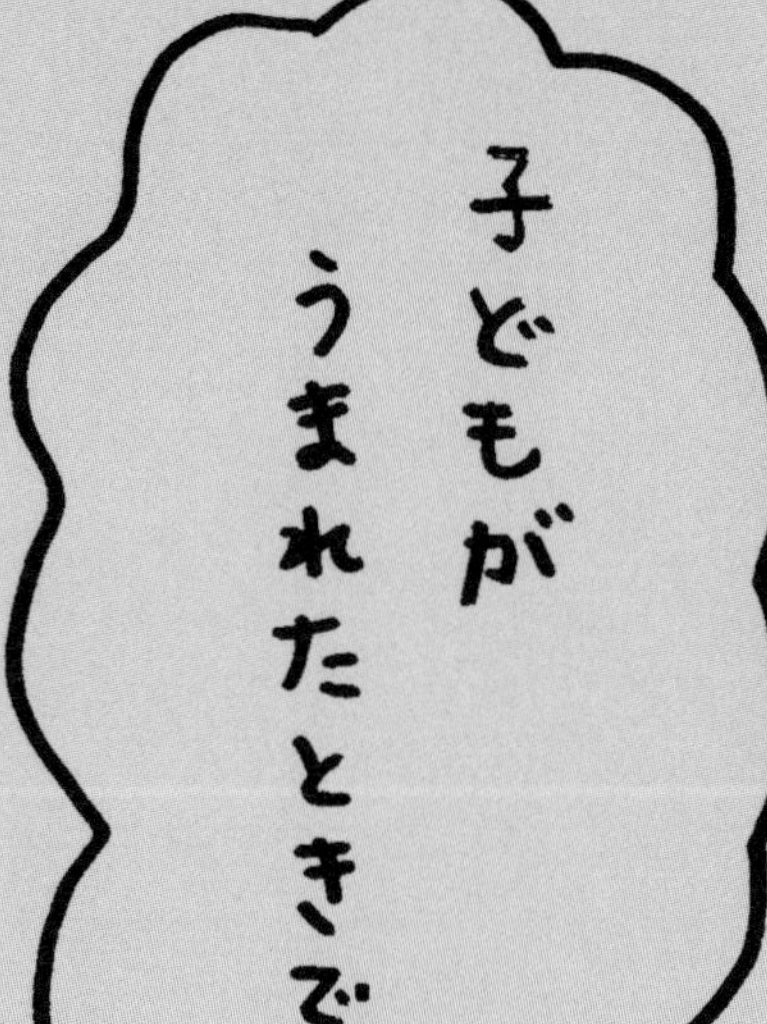

お母さん

「なんだか　どれもこれも
感動的《かんどうてき》な
しゅんかんだなあ」

Qのうた

キュキュキュ

みんなのこたえ、

キュキュキュ

それぞれちがう

キュキュキュ

きみなら

なんてこたえるの？

キュー！

Q

1分《ぷん》間《かん》
考《かんが》えよう。

そもそも幸《しあわ》せって
なんだろう？

みんなの　いろいろなこたえを
見《み》てきたQ《キュー》くん。
みんなのこたえは、それぞれ
ちがっていたけれど、自分《じぶん》なら、なんて
こたえるだろう？　Q《キュー》くんは考《かんが》えました。
Q《キュー》くん、こたえはでたのかな？

「んー　ぼくのこたえは……うん、見《み》つけた！」

「さあ、Q《キュー》くんのけつろんを
聞《き》かせてもらえるかな。

ほんとうにお金《かね》で　幸《しあわ》せになれる？」
「ぼくの　いまのところの　こたえ！」

「幸《しあわ》せは　人《ひと》それぞれ、
みんなちがう。　だから、
お金《かね》で幸《しあわ》せになる人《ひと》もいれば、
お金《かね》で幸《しあわ》せにならない人《ひと》も
いる。」

「ほう、　なるほどねえ。
ちなみに　Q《キュー》くんは
どっちなんだい？」

「ぼくにとっての幸《しあわ》せは、

ぼくのこたえ
My Answer

幸《しあわ》せは人《ひと》それぞれ
みんなちがう

感動《かんどう》したときなんだ。」

「感動《かんどう》か。かけっこのれんしゅうをがんばって、一《いっ》とうしょうを手《て》にいれたんだもんね。」

「そう。ぼくにとって幸《しあわ》せは、苦労《くろう》とか努力《どりょく》をして、なにかをなしとげて感動《かんどう》したときなんだ。」

「苦労《くろう》したぶん、手《て》にいれたときの感動《かんどう》も
大《おお》きいというわけだな。」

「うん、それが幸《しあわ》せ。だからお金《かね》は
あんまり　かんけいないかな。」

「Q《キュー》くん、いい　けつろんじゃないか。」

「というわけで、これからは　もくひょうに
むかって努力《どりょく》して、なにかをなしとげる
生《い》きかたをしようと思《おも》う！」

「すばらしい！」

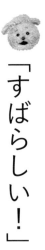

「とりあえず、　手《て》はじめは　これだな。」

そう言《い》って　Q《キュー》くんは、　なにやら　ゴソゴソ
よういをしています。

「ん？　なにを　してるんだい？」

Q《キュー》くんが　とりだしたのは、

『MONEY《マネー》！（お金《かね》）』と　かかれているプラカード。

赤《あか》いはちまきまで　しています。

「ホイ！　たくさん　努力《どりょく》して、　おこづかいの
アップを　なしとげるぞ！

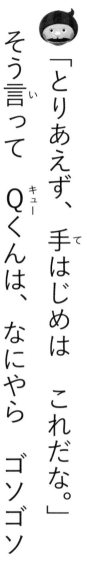

しゅっぱーつ！」
「うん？」
「お母《かあ》さんは、
Q《キュー》くんの
おこづかいを
アップせよ〜！
お母《かあ》さんは、
おこづかいを
アップするべきだー！」

そうさけびながら、
Q《キュー》くんは　へやを
でていきました。

「なんで
そーなるんだー！」

（おしまい）

今日《きょう》のQ《キュー》ワード『ほんとうに？』で考《かんが》えてみる。

QWO

ほんと

解説《かいせつ》「ほんとうに？」で考《かんが》えてみる

「お金《かね》があれば　ほんとうに幸《しあわ》せ？」って　チッチに問《と》いかけられるまで　Q《キュー》くんは　お金《かね》が自分《じぶん》を幸《しあわ》せにしてくれると　しんじていたよね。

でも、「ほんとうに？」で　うたがって考《かんが》えてみると、どうやら　幸《しあわ》せになれるとはかぎらない　ということがわかってきたんだよね。

そして、いつしか「自分《じぶん》にとっての幸《しあわ》せってなんだろう？」という　さらにふかいぎもんにつながり、自《じ》分《ぶん》のほんとうの気《き》持《も》ちに　気《き》づくことができたんだよね。

　このように「ほんとうに？」というＱ《キュー》ワードは、そうしんじていたときには気《き》づかなかったことに気《き》づける　まほうのことばなんだ！

　たとえば、「友《とも》だちは　ほんとうにたくさんいたほうがいいの？」とか、

「大学《だいがく》って　ほんとうにいったほうがいいの？」とか、キミがなんとなく正《ただ》しいとしんじていたことについて「ほんとうに？」でうたがって　考《かんが》えてみよう！

じつは　気《き》づいていないばっかりに　そんをしていることが見《み》つかるかもしれないぞ。

んじゃな～！

Q エンディングテーマ

こたえは　みんな

ちがうんだよ

だから　じっくり

さがそう

こたえは　かわったって

いいんだよ

だから　ゆっくり

そだてよう

Q《キュー》QQQQQQ

ねぇ、きかせてよ

Q《キュー》QQQQQQ

きみの　こころのこえを

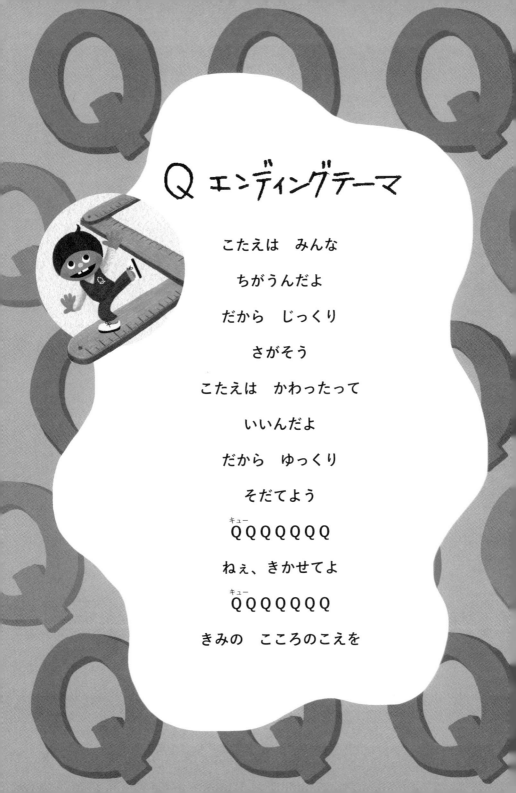

Qワ〜ド
おぼえうた
みんなで
うたおう!
ほかの
考《かんが》えは?
いろんな
考《かんが》えをだしてみる
なななな
なんで?
りゆうを
さぐってみる

ははは♪
♬反対《はんたい》は？
あえて逆《ぎゃく》で考《かんが》える♪
もも♪
「もし〜だったら？」
かせつを♪
たててみる♬
そもそも、犬《いぬ》なのか？
そもそも、犬《いぬ》ってなんだ？
そそそ♪
「そもそも？」
ぜんていから
うたがってみる♬

立場《たちば》をかえたら？
だれかのきもちになってみる
たたた たとえば？
ぐたいてきにあげてみる
くくく くらべると？
ちがいはどこかさぐってみる

♪なんで？
ほかの考《かんが》えは？
反対《はんたい》は？
もし〜だったら？
そもそも？
立場《たちば》をかえたら？
たとえば？
くらべると？
QQQQQQワード
♪きみのこたえを
ほりあててみよう♪
おわり

番組ホームページは、
http://www.nhk.or.jp/sougou/q/
本文中の歌も視聴できるよ！

Q PHILOSOPHY FOR CHILDREN

NHK Eテレ「Q～こどものための哲学」
お金でほんとうに 幸せになれる？

2020年2月20日　第一刷発行

NHK Eテレ「Q～こどものための哲学」制作班 編
原作 古沢良太
美術デザイン tupera tupera
アニメーション原画 稲葉卓也
ブックデザイン 清水貴栄（DRAWING AND MANUAL）
イラスト 鈴木友唯（DRAWING AND MANUAL）
哲学監修 河野哲也、土屋陽介
プロデューサー 佐藤正和

発行者 中村宏平
発行所 株式会社ほるぷ出版
〒101-0051　東京都千代田区神田神保町3-2-6
電話 03-6261-6691
ファックス 03-6261-6692
https://www.holp-pub.co.jp

編集協力 横山雅代

印刷 株式会社光陽メディア
製本 株式会社ブックアート

ISBN:978-4-593-58845-9
NDC.100
ページ数 64P
サイズ 210 × 148㎜